Ahora sí hay lluvia

por Susan McCloskey
ilustrado por Tim Ellis

Scott Foresman

Oficinas editoriales: Glenview, Illinois • New York, New York
Ventas: Reading, Massachusetts • Duluth, Georgia
Glenview, Illinois • Carrollton, Texas • Menlo Park, California

Mamá dijo: —¡Hace tanto calor!
—¡Está todo seco! —dijo papá—.
¡Nunca he visto algo así!

—¡Qué sol! —dijo Ani—.
Necesitamos lluvia.
El sol seca la fruta.

Bill dijo: —Sí, necesitamos lluvia.
¡Voy a buscarla!
—Les diré cómo —dijo Bill—.

Primero necesito una cuerda.
¡Necesito una cuerda muy larga!

Mamá y papá buscaron cuerda.
Ani buscó cuerda.
Todos querían salvar la fruta.

Bill también buscó cuerda.
Y se fue en su caballo.

Bill cabalgó y cabalgó.
Primero, fue por aquí.
Luego, fue por allá.
Buscaba algo que había visto.

¡Y lo encontró!
Era algo grande y negro.
¡Era una nube!

Lanzó su cuerda hacia la nube.
¡Era una nube tan grande!

¡La atrapó!
¡Y al primer intento!

Bill haló y arrastró.
Arrastró y haló.
¡No había otra nube tan grande!

Haló la nube hasta la casa.
—¡Bill regresó! —gritó Ani.

—Estuve por aquí —dijo Bill—.
Estuve por allá.
¡Y miren lo que encontré!

Bill haló fuerte de la cuerda.
Mamá sintió una gota.
Papá sintió una gota.
Ani sintió gotas.

Bill salvó la fruta.
¡Y ahora sí hay lluvia!